Anonymous

Zweites Lese- und Lehrbuch für deutsche Schulen

Oder Uebungen im Lesen und Schreiben, verbunden mit Sprachlehre

Anonymous

Zweites Lese- und Lehrbuch für deutsche Schulen
Oder Uebungen im Lesen und Schreiben, verbunden mit Sprachlehre

ISBN/EAN: 9783744696357

Hergestellt in Europa, USA, Kanada, Australien, Japan

Cover: Foto ©Paul-Georg Meister /pixelio.de

Weitere Bücher finden Sie auf **www.hansebooks.com**

Zweites

Lese- und Lehrbuch

für

Deutsche Schulen,

oder

Uebungen im Lesen und Schreiben,

verbunden mit

Sprachlehre.

Herausgegeben von katholischen Lehrern.

———————

Buffalo, 1864.

Verlag von Franz Häfner.

222 Ellicott Straße.

Erste Abtheilung.

Laute, Silben und Wörter.

Selbstlaute.

i *i,* u *u,* e *e,* o *o,* a *a.*

Mitlaute.

n *n,* m *m,* r *r,* v *v,* w *w.*

Anwendung.

in, im, ni, mi, nim, min, en, ne, em, men, no,
om, mon, am, na, an, un, ur, ru, vo, ov,
von, wo, wi, wir, war.

Umlaute.

ö *ö,* ä *ä,* ü *ü.*

Anwendung.

nö, än, nä, nö, öm, mö, är, rä, mär, vö,
rü, vü, wü, wür, wer, wän, nü,

Zusammengesetzte Selbstlaute.

ei ~; ai ~; au ~; eu ~; äu ~.

Anwendung.

nei, ein, mau, nen, mei, rei, wei, rau, reu, nau,
wau, räu, wäu, nein.

Mitlaute.

l, b, h, d, t, k, s.

Anwendung.

la, le, il, ul, lo, aul, lei, li=na, lum, mal,
bi, ub, bö, aub, eil, ob, leb, bin, lo=be, bub,
he, hau, hü, heu, heu, heim, heb, hol, heut,
da, du, deu, dem, du, lad, mo=de, bab, lud,
to, et, at, bot, lot, mit, tob, et, ut, tau, teu,
kä, kau, kei, kein, kom, ku, kur, kom=me,
so, es, was, das, eis, das, aus, los, leis.

Mitlaute.

f, s, ß, g, q, j, p.

Anwendung.

fa, fe, uf, feg, feil, fein, faul, flau, lauf,
fo, fei, feil, fa, fein, le=fen, na=fe,

iß, euß, aß, maß, faß, naß, muß,
ga, ge, gut, gi, gab, ag, lag, mag, leg,
que, qu, qua, je, ja, je=de, je=ne, je=de,
pa, pei, rap, pau, poch, pe, up, op, ip.

Mitlaute.

r ⁒ v ⁒, z ⁒.

ir, ax, aur, er, or, ur, ür,
ya, ye, za, zu, zo, az, uz, zi, zum,
da=zu, wo=zu, zo=ne, zer=re, za=ge.

Zusammengesetzte Mitlaute.

ck ⁒, ch ⁒, sch ⁒, st ⁒, sp ⁒.

Anwendung.

eck, ack, reck, bock, dick, leck, uck, heck,
ich, chen, ach, auch, euch, wach, lach, poch,
sche, scho, osch, schau, scheu, asch, usch, schu,
sta, ast, stei, ist, ost, ust, stech, stand, bist,
spi, spu, asp, isp, spau, usp, spa, spe.

pf *pf,* pſ *pſ,* th *th,* tz *tz.*

Anwendung.

pfa, pfu, pfei, pfau, opf, upf, apf, pfei,
pſa, pſu, iſp, aſp, pſal, pſo, ſpü, ſpei,
tha, thu, roth, thal, that, thun, muth,
utz, atz, etz, ütz, ätz, otz, itz, autz.

Doppelte Selbſtlaute.

aa, ee, oo, *uu,* *uu,* *oo.*

Anwendung.

aar, ſaal, baar, ſchaar, ſtaar, aas, paar,
ſee, leer, ſcheel, meer, beet, heer, ſchnee,
loos, boot, moos, moor, ſchooß.

Dehnungslaute.

ie *ie,* ih *ih,* eh *eh,* ah *ah,* uh *uh.*

Anwendung.

nie, ſie, wie, bier, ſieb, tief, ſchief, die, vier, viel,
ihr, ihm, ihn, ihr=em, ihn=en, ihr=er, ihr=es,

sich, zieh, lieh, ver=zieh, ver=lieh, ge=dieh,
bahn, nahm, rahm, wahn, wahr, zahm;
uhr, schuh, fuhr, stuhl, kühn, kühl, mühl.

Doppelte Mitlaute.

nn *nn*, mm *mm*, rr *rr*, ſſ *ſſ*,

ll *ll*, tt *tt*, ff *ff*, pp *pp*, ß *ß*.

Anwendung.

inn, renn, kenn, kann, dann, wann, bann,
damm, dumm, summ, stumm, komm, stimm,
narr, dürr, murr, harr, irr, wirr, scharr, herr,
biſ=ſe, roſ=ſe, haſ=ſen, laſ=ſen, ſchüſ=ſe, nüſ=ſe,
all, ball, voll, will, hall, roll, soll, hell, zoll,
fett, matt, satt, bett, ritt, gott, nett, schutt, bitt,
schaff, raff, gaff, schiff, pfiff, puff, klaff,
rapp, papp, ripp, lipp, fopp, hopp, tapp, ſup=pe,
faß, naß, nuß, roß, heiß, maß, laß, paß.

Einsilbige Wörter.

ch und **g** am Ende des Wortes

mach, mag, dach, tag, sach, sag, wach, wag, loch,
log, lach, lag, pech, weg, mich, dich, lach mich
nicht aus, was lag denn da, leg dich da her,
mag er wohl wachen?

k und **g** beim Anfang des Wortes.

kuß, guß, keil, geil, kann, be=gann, kern, gern,
gut, kaum, gaum, geiz, gab, kein, koch, komm zu
mir; geh gern fort; es ist sehr gut; was lag da?
wach doch auf; wag nie zu viel.

Uebung.

an, mir, gib, seh, dich, vor, wo, sonst, fiel, such,
doch, die, weh, steh, fest, zähl, bis, zehn, wähl,
nur, geh, fort, wehr dich, lohn ihn, kühl dich ab;
was macht er noch; ruh aus; ich komm heut zu
bir; wenn ich gut bin, hat man mich lieb.

Kenntniß der großen Buchstaben.

Uebung im Lesen leichter Wörter.

a A *A* Aas, Arm, Amt, Aug, Art, Al=ler
An=fang ist schwer.

o O *O* Ohr, Ost, Ochs, Obst, Ort, Ohn=
macht, O=dem, Ot=ter, O=der, On=
kel, Oel,

c C *C* Chor, Christ, Cöln, Chur, Cap,
Christ=us, Char=frei=tag, Choral.

g G *G* Gang, Guß, Gans, Glanz, Geist,
Gold, Gast, Garn, Gott, Gut.

q Q *Q* Qual, Quart, Quint, Qualm, Quit=
tung, Quas=te, Quit=te.

d D *D* Dach, Dank, Dorf, Druck, Dom,
Dorn, Dachs, Dieb, Darm, Damm.

l L *L* Land, Lob, Lied, Leib, Lump, Lust,
Le=ben, Lag=er, Lie=be, Laub, Loos.

b B *B* Bach, Bein, Buch, Band, Birn,
Birn=baum, Brust=bein, Blut=strom.

h H *H* Hof, Hut, Horn, Haar, Helm, Haft
Haut, Herr, Haus=schloß, Himmel.

k K *K* Kind, Kleid, Korb, Krug, Krieg, Koch
Kreuz, Katz, Kätz=chen, Korn froh.

f F *f* Faß, Fach, Fiſch, Frucht, Fall, Frau,
Fels, Fluch, Froſch=teig, Fiſch=fang.

v B Volk, Vogt, Vers, Veit, Va=ſe, Va=
ter, Veil=chen, Vet=ter, Vo=gel, Ver=ſe.

w W Wand, Werth, Wirth, Wind, Wort,
Waſ=ſer, Wol=ke, Win=ter, Wo=che.

r R Rad, Roſt, Ruhm, Rauch, Rind,
Rä=der, Ru=der, Rach=ſucht, Red=ner

ſ S Sand, Salz, Sack, Sinn, See, Seil,
Sau=lus, Se=gel, Si=tze, Sa=che.

ſch Sch Schaaf, Schwein, Schaum,
Schiff, Schwe=ſter, Schach=
tel, Schna=bel.

u U Uhr, U=fer, Ue=bel, Ur=bild, Ur=quell,
Ur=zeit, Um=lauf, Umſatz.

n N Nacht, Neſt, Reid, Nuß, Noth,
Nach=bar, Na=men, Nor=den, Nel=ke.

m M Mann, Mund, Mai, Mehl, Muth,
Mut=ter, Mör=der, Meſ=ſer,
Mu=ſik, Mo=nat.

i j J Joch, Jud, Jahr, Jagd, Jucht,
In=ſel, Jugend, Jung=frau, Ju=bel.

t T 𝒯   Tag, Tuch, Tisch, Tod, Topf, Trost, Tau=be, Ta=fel, Toch=ter, Tüch=er, Tul=pe.

p P 𝒫   Pest, Pech, Post, Paul, Paß, Pfeil, Prie=ster, Pulver, Pap=pel, Pin=sel.

e E 𝓔   End, Eis, Eul, Erz, Erd, Ehr, Eck, El=le, Eg=ge, E=va, Eu=gel, Em=ma.

x X 𝒳   Xa=ver, Xer=xes, Xenophon, Xantippe.

y Y 𝒴   Yp=si=lon, York, Cylinder, May.

z Z 𝒵   Zeit, Zug, Zwerg, Zaum, Zwirn, Zahn=weh, Ziel=scheib, Zei=chen.

Uebungen im Lesen.

Einsilbige Wörter.

Gott liebt sein Kind. Was Gott sagt, das ist wahr, und liebt auch nur, was gut ist. Sei du auch gut, und ja nie bös; dann geht es dir wohl. Wer bös ist, dem geht es hier und dort nicht wohl. Gott sieht mich hier, wie auch zu Haus, und auf der Straß, an jedem Ort. Er ist mit mir, und bleibt bei mir.

Zweisilbige Wörter.

Das Kind soll nicht so sehr schrei-en. Der Bauer pflü-get sein Feld. Die Brau-er brau-en. Die Tau-be brü-tet. Die Mensch-en re-den. Kannst du gut zäh-len? Steh' ich des Mor-gens frü-he auf, so falt' ich gleich die Hän-de und dank dir, lie-ber Gott, daß du diese Nacht so gütig mich be-wacht. Laß dei-nen Se-gen ruh'n auf mir, und mich dei-ne We-ge gehen, und leh-re du mich im-mer thun, was gut ist und nicht böse.

Drei- oder vierfilbige Wörter und Sätze.

Dun-kel-heit, Ge-sell-schaft, Ger-ber-ei, brü-der-lich, ta-del-haft, be-su-chen, an-kau-fen, be-feh-len, ge-bic-ten. Ein Kind soll ar-beit-sam, auf-merk-sam, wahr-heit-lie-bend und tu-gend-haft sein. Ein Kind soll aber nicht un-rein-lich, lüg-ner-isch, plau-der-haft, heuch-ler-isch und flat-ter-haft sein. Gott ist e-wig, all-ge-gen-wär-tig, all-wif-send, all-wei-se, all-mäch-tig, hei-lig, ge-recht, wahr-haf-tig, gü-tig, lang-müth-ig, barm-herz-ig, wei-se, treu und un-ver-än-der-lich.

Abgeleitete Eigenschaftswörter mit den Endsilben:

ig, lich, isch, sam, bar, haft, e, ern.

ig, gütig, heilig, allmächtig, barmherzig, sandig, muthig, fleißig, einig, bergig, saftig, prächtig.

lich, höflich, kindlich, lieblich, reichlich, göttlich, vergänglich, häuslich, menschlich, ernstlich.

isch, neidisch, kindisch, tückisch, närrisch, herrisch, bübisch, zänkisch, spöttisch.

sam, einsam, achtsam, wirksam, sparsam, lenksam, folgsam, biegsam, gehorsam.

bar, urbar, denkbar, dankbar, dehnbar, scheinbar, offenbar, fruchtbar, heilbar.

haft, ernsthaft, boshaft, lügenhaft, scherzhaft, lebhaft, wahrhaft, lasterhaft, nahrhaft.

e, müde, trübe, reiche, welke, sage, fette, arge, liebliche, angenehme, kühle, runde.

ern, eisern, hölzern, silbern, kupfern, zinnern, gläsern, steinern, thönern, bleiern.

Sätze.

Die Rose ist eine Blume. Die Eiche ist ein Baum. Die Eule ist ein Vogel. Die Waise ist ein armes Kind. Das Kind gehorcht. Die Schwester pflückt das Röschen.

Wörter mit den Vorsilben:

ab, an, auf, aus, be, bei, da, durch, ein,
emp, ent.

ab, ab=brechen, abrufen, abfinden, Abmarsch, Abscheu.

an, an=rufen, anschreiben, anreden, Antrag, Ankunft.

auf, auf=merken, aufsitzen, aufbringen, Aufstand Aufsicht.

aus, aus=rufen, auslesen, ausfinden, Auszug, Ausrede.

be, be=denken, berechnen, benutzen, Besuch, Bericht.

bei, bei=wohnen, beilegen, beirufen, Beitrag, Beispiel.

da, da=mit, dadurch, dazu, darbringen, dadurch.

durch, durch=suchen, durchblättern, Durchzug, Durchfahrt.

ein, ein=brechen, eingehen, einsehen, Einsicht, Einwurf.

emp, emp=fohlen, empfinden, empören, Em=pfehlung, Empfang.

ent, ent=ehren, entgehen, enterben, Entschluß, Entwurf.

Vorsilben in Verbindung mit Sätzen.

ge, her, hin, mit, ober, ur, vor, zur, zu, ver.

ge. Das Gewitter war furchtbar. Das Gepäck ist zu schwer.

her. Die Herberge liegt sehr gesund. Der Hergang ist sonderbar.

ober. Das Oberkleid ist einfach. Der Oberhirt leitet die Heerde.

zer. Die Zerstörung ist furchtbar. Die Zerknirschung ist groß.

zu. Die Zukunft bleibt den Menschen verborgen.

Sätze, worin Wörter sind mit dem Buchstaben „b" das oft wie „w" gelesen wird.

Gieb mir deine Ga=bel! Die Kälber werden geschlachtet. Du sollst dir durch Ar=beit Sil=ber und Schätze er=wer=ben und von densel=ben aus Lie=be den Armen mit=theilen. Die gel=be Far=be ha=be ich nicht gern. Die Tau=be hat einen Schna=bel. Gott ist der Ge=ber aller guten Ga=ben. Die Lan=de blüht.

Uebungs-Sätze.

Bete oft und gerne zu Gott. Halte fest und
treu die Gebote des Herrn! Danke Gott für Alles,
was er dir schickt! Achte und ehre hoch deine
(Ae) Eltern. Belüge sie nie. Nimm nichts, was dir
nicht gehört. Sei liebevoll gegen alle Menschen.
Schone dein Leben. Hilf gern den Armen aus
der Noth, wenn es dir möglich ist. Uebe dich
fleißig in allem Guten. Zweifle in der größten
Noth nicht an der Hülfe Gottes. Quäle nie ein
Thier aus Scherz, denn es fühlt auch wie du den
Schmerz. Wo ich bin, und was ich thu', sieht
mir Gott, mein Vater, zu.

Abgeleitete Wörter mit den Nachsilben.

**e, er, ei, end, ling, ath, chen, lein, in
und heit.**

e. Die Sonne scheint hell. Die Wiese ist grün.
Die Traube ist reif. Die Schule ist nützlich.

er. Der Schüler lernt. Der Schneider näht.
Der Müller mahlt. Der Räuber raubt.
Der Fischer fischt.

ei. Die Zänkerei stört. Die Schlägerei schadet.
Die Fischerei unterhält. Die Völlerei
schändet.

end. Die Jugend lernt. Der Abend naht. Die Tugend ehrt.

ling. Der Frühling ist angenehm. Der Schilling ist eine Münze. Der Flüchtling wurde gefangen.

ath. Die Heimath liebt der Mensch. Die Heirath war glücklich. Der Zierrath kostet.

chen, oder **lein.** Das Fischchen ist klein. Das Pflänzlein wächst. Das Knäbchen lacht. Das Städtlein ist angenehm.

in. Die Köchin kocht. Die Löwin brüllt. Die Bäuerin ist auf dem Felde. Die Lehrerin ist freundlich.

heit. Krankheit ist ein Uebel. Die Wahrheit wird geliebt.

Abgeleitete Wörter und Sätze mit den Nachsilben:

sal, keit, thum, niß, ung, schaft, muth.

sal. Das Schicksal ist dunkel. Die Trübsal schmerzt. Die Drangsal ist schwer. Das Scheusal leidet.

keit. Die Dankbarkeit erfreut. Die Herrlichkeit ist groß. Die Reinlichkeit ziert. Die Frömmigkeit ehrt.

thum. Der Reichthum schadet oft. Das Eigenthum ist heilig. Das Christenthum bleibt. Kaiserthum.

niß. Die Finsterniß täuscht. Die Kenntniß adelt. Die Wildniß ist groß. Das Gedächtniß behält.

ung. Die Ladung ist schwer. Die Kränkung schmerzt. Die Hoffnung belebt. Die Schonung erfreut.

schaft. Die Erbschaft bereichert. Die Freundschaft beglückt. Die Herrschaft befiehlt. Die Dienerschaft gehorcht. Die Bürgschaft verbindet.

muth. Die Demuth wird belohnt. Der Hochmuth wird bestraft. Die Armuth drückt. Sanftmuth, Schwermuth, Großmuth.

––––––

Sätze, in welchen doppelte Mitlaute sind.

Der Fall ist schlimm. Der Knall ist stark. Der Mann ist klug. Der Stamm ist dick. Der Wall ist breit. Der Schritt ist breit. Die Lippe ist roth. Der Himmel ist blau. Das Schiff ist lang. Der Donner ist laut. Die Sonne ist hell.

Die Otter ist giftig. Die Mutter ist gut. Die Butter ist weich. Das Futter ist nahrhaft. Das Stück ist klein. Die Brücke ist hoch. Die Brücke ist breit.

Die Dehnung der Buchstaben:

eh, ah, oh, uh, üh, ie, ieh, in Sätze dargestellt.

Das Mehl ist fein. Das Reh ist scheu. Die Lehre ist gut. Der Hahn ist stark. Der Zahn ist hohl. Die Fähne ist bunt. Das Stroh ist dürr. Der Bohrer ist scharf. Der Sohn ist gut. Die Kuh ist groß. Die Ruhe erquickt. Der Stuhl steht. Die Mühle geht. Die Mühe wird belohnt. Der Frühling ist angenehm. Die Kühle labt. Der Dieb ist schlau. Das Lied ist kurz. Die Biene ist klein. Das Vieh frißt. Der Ochs zieht. Der Mörder flieht.

Silben mit mehreren Mitlauten:

Der Arzt, die Pflicht, der Pflock, der Storch, ein Strumpf, eine Zukunft, ein Strauch, ich pflanze, dn sprichst, er ging, sie schreibt, es bettelt, wir plaudern, ihr singet, sie lachen, ein Stück, zwei Dutzend, drei Zentner.

Sätze.

Sechzig Sekunden ist eine Minute.
Sechzig Minuten ist eine Stunde.
Vierundzwanzig Stunden sind ein Tag.
Sieben Tage ist eine Woche.
Vier Wochen ist ein Monat.
Zwölf Monate ist ein Jahr.

Die Wochentage heißen:

Montag, Dienstag, Mittwoch, Donnerstag, Freitag, Samstag, (:Sonntag:)

Die zwölf Monate des Jahres sind:

Januar, Februar, März, April, Mai, Juni, Juli, August, September, Oktober, November, Dezember.

Gewicht.

Sechzehn Quintchen machen eine Unze; 16 Unzen machen 1 Pfund; 25 Pfund machen 1 Viertel; 4 Viertel machen 1 Zentner; 20 Zentner machen eine Tonne.

———

Zusammengesetzte Hauptwörter:

Haus=thür, Arm=stuhl, Frucht=baum, Tisch=tuch, Feld=herr, Hof=hund, Wald=thier, Bau=holz,

Schiff=bruch, Hals=tuch, Kirchen=dach, Zimmer=
fenster, Augen=glas, Taschen=uhr, Christen=pflicht,
Feder=hut, Wasser=schlange, Winterkleid, Staats=
schuld, Mond=licht.

Drei= und Vierſilbige Wörter:

Wörterbuch, Rechenbuch, Blumenkranz, Himmel=
reich, Gartenbank, Ofenthür, Freuden=thränen,
Hirten=flöte, Glaubens=lehre, Eiſen=hammer,
Feſtungs=mauer, Abend=eſſen, Morgen=glocke,
Kloſter=bruder, Kirchendiener.

Vielſilbige Wörter.

Haus=hofmeiſter, Schwefel=waſſer=quelle, Friedens=
gerichts=ſchreiber, Brannt=wein=brenner, Vorbe=
reitungs=unterricht, Regen=bogen=ſchimmer, Sauer=
waſſer=brunnen, Schorn=ſtein=feger=geſelle, Feuer=
verſicherungs=geſell=ſchaft, Schreiner=hand=werk=
zeug, Waſſer=ſtoff=gas, Rüb=ſamen=händler.

Zweite Abtheilung.

I. Beschreibungen.

A. Mensch.

Der Mensch ist das schönste Geschöpf auf Erden. Er hat einen Leib und eine Seele. Er geht aufrecht und bedeckt seinen Körper mit Kleider. Der Mensch hat Verstand und freien Willen. Er kann auch sprechen, d. h. er kann sagen, was er denkt und haben will. Die Seele des Menschen lebt ewig fort. Sein Leib wird nach dem Tode in die Erde gegraben. Sein Geist geht zu Gott zurück, der ihn gegeben hat.

B. Natur. (Thiere.)

Das Thier hat auch eine Seele, aber sie stirbt. Das Thier kann sich bewegen und empfindet; es kann sehen, hören, riechen, schmecken und fühlen. Das Thier nimmt seine Nahrung durch das Maul zu sich, und verdaut sie im Magen. Die Thiere sind sehr verschieden; manche haben rothes warmes Blut, andere rothes kaltes; einige haben blos einen weißen Saft, anstatt des Blutes. Es gibt Säugethiere, Vögel, Amphibien, Fische, Insekten und Würmer.

Säugethiere.

Diese Thiere haben ihren Namen, weil sie ihre Jungen eine Zeit lang mit ihrer Milch nähren, oder saugen lassen. Es gibt zahme, welche bei den Menschen leben, und wilde, die im Walde sind, und vor den Menschen fliehen. Zahme sind: Ochs, Kuh, Pferd, Schwein, Katze, ꝛc.; wilde sind: Hirsch, Hase, Fuchs, Dachs, u. s. f.

Vögel.

Der Vogel hat einen Leib, welcher mit Federn bedeckt ist, damit er fliegen kann, und die ihn vor Kälte schützen. Er hat einen spitzigen Schnabel, damit er die kleinen Körnchen aufpicken, und beim Fliegen die Luft leicht theilen kann. Der Vogel legt Eier und brütet sie aus. Alle Vögel haben zwei Beine und rothes warmes Blut. Es gibt Raubvögel, z. B. Geier, Adler, Eule, Dohle, etc. Es gibt Singvögel, als: Amsel, Fink, Lerche, Nachtigall, Schwalbe, u. s. w. Es gibt Sumpfvögel, z. B. Storch, Kranich, Schnepfe. Es gibt Schwimm=vögel, als: Gans, Ente, Schwan. Es gibt auch hühnerartige Vögel, z. B.: Haushuhn, Feldhuhn, Wasserhuhn, Birkhuhn, Auerhuhn, Truthuhn, Pfau, Fasan, u. s. w.

Amphibien.

Dieses sind solche Thiere, welche sowohl im Wasser als auf dem Lande leben können, wie z. B. der Frosch, die Eidechse, die Schlange, Die Amphibien haben rothes kaltes Blut; sie athmen durch Lungen, können oft sehr lange ohne Nahrung bleiben. Die Schildkröten können ein ganzes Jahr fasten. Sie entstehen durch Eier. Es gibt kriechende welche vier Füße haben, als: Eidechsen und die Krokodille; und schleichende, die keine Füße haben, z. B. die Schlangen.

Fische.

Die Fische haben rothes kaltes Blut, und athmen durch Kiemen. Sie ziehen das Wasser durch den Mund ein, und setzen es durch die Kiemen ab. Ehe aber das Wasser durch die Kiemen ausläuft, saugen die Kiemen die Luft daraus aus, und dieses dient ihm zur Nahrung. Die Fische sind meistens mit Schuppen bedeckt. Einige auch mit einer Schleimhaut. Innerlich haben sie Schwimmblasen, äußerlich sind sie mit Flossen zum Schwimmen versehen. Es gibt Hechte, Karpfen, Forellen, Weißfische, etc.

Insekten.

Insekten sind Einschnittsthiere, z. B. Käfer, Schmetterlinge, ꝛc. Diese Thiere haben alle mehr als vier Füße. Die Schmetterlinge haben 6, die Spinnen 8, die Krebse 10, und die Vielfüßler sogar 200 Füße. Auch haben manche mehr als 2 Augen; die Spinnen haben 4 Paare. Am Kopfe sind die meisten mit Fühlhörnern versehen. Kein Insekt hat eine Lunge; aber an den Seiten haben sie Löcherchen, womit sie Athem holen. Sie haben blos statt Blut einen rothen Saft. Sie entstehen aus Eiern. Aus dem Eie wird eine Larve (Raupe), aus der Larve eine Puppe, und aus dieser kommt erst das Insekt hervor.

Würmer.

Die Würmer sind Thiere, welche weißes Blut haben. Sie sind meistens nackt, nur einige sind mit einer Schale bedeckt, und leben im Wasser, in der Erde, und manche sogar im Körper von Menschen und Thieren. Sie leben von Thieren, Pflanzen und Mineralien. Zu den nackten Würmern gehören: der Spul= oder Darmwurm und der Bandwurm; zu den Schalwürmern: die Schnecken, die Muscheln, die Austern, u. s. w.

2. Von den Pflanzen.

a. Die Pflanze nimmt ihre Nahrung durch die Wurzeln zu sich. Aber auch aus der Luft ziehen die Pflanzen durch die Blätter Nahrung ein. Der Saft, den die Pflanze einsaugt, zieht zwischen der Rinde und dem Holze hinauf und nährt dieselbe. Die ganze Pflanze besteht aus den Wurzeln, aus dem Stamme und aus der Krone. Die Pflanzen sind sehr verschieden. Manche haben einen holzigen Stamm, wie die Bäume; manche treiben aus der Wurzel mehre holzige Stämme oder Ruthen, wie die Stauden.

Die Kräuter haben einen weichen Stengel.

b. **Es gibt Waldbäume und Gartenbäume.** Es gibt Bäume, welche Blätter haben, z. B. Apfel-, Birn-, Pflaumen-, Zwetschen-, Kirschen-, Nuß- und Aprikosenbaum. Auch im Walde stehen solche, z. B. Buchen, Eichen, Birken, Eschen, Linden, Pappeln. Es gibt aber auch Bäume deren Blätter einer Nadel ähnlich sind, als: Fichten-, Kiefern-, Tannen- und Lerchenbäume.

c. **Es gibt Gartenkräuter,** z. B. die Bohnen, der Salat, die gelben, weißen und rothen Rüben, die Kartoffel, der Sellert, der Schnittlauch, die Petersilie, der Wirsing, die Gurken, die Rettige, etc., etc.

d. **Es gibt Futterkräuter,** als: der Klee, die Ranunkeln, das Gänsblümchen, der Löwenzahn, die Wicke und viele andere, die zum Futter für das Vieh benützt werden.

e. **Es gibt Kräuter,** aus welchen Arznei bereitet wird, z. B. das Schlüsselblümchen, der Salbei, der Quendel, der Baldrian, der Löwenzahn, der Lattich, das Tausendgüldenkraut, und viele andere.

f. **Es gibt auch Kräuter,** die den Menschen schädlich sind, wenn er sie genießt; sie heißen daher auch **Giftkräuter.** Sie können sogar den Tod zuziehen. Die vorzüglichsten sind: die **Wolfsmilch** oder das **Teufelskraut,** der **Schierling,** die **Herbstzeitlose,** der **Hahnenfuß,** das **Bilsenkraut,** die **Wuthbeere,** die **Einbeere,** der **Stechapfel,** der rothe **Fingerhut** und der **Kellerhals.** Aus solchen Giftkräutern bereitet der Apotheker Arznei, welche den Kranken gesund machen kann.

---

3. Von den Mineralien.

Die Mineralien (Erden, Steine, Metalle und Salze) wachsen nicht wie die Pflanzen von innen heraus, sondern vergrößern sich nach und nach durch Anhäufung gleichartiger Theile von Außen.

a. Die verschiedenen Erdarten sind: Kiesel=, Sand=, Kalk=, Thon=, Damm= und Garten=Erde.

b. Steinarten sind: der Feuerstein, der Kalkstein, der Kieselstein, der Thonschiefer, die Kreide, der Marmor, der Gyps, der Alabaster, der Meerschaum und die Edelsteine. Dazu gehören: der Diamant, der Rubin, der Granat und Smaragd.

c. Die Metalle schmelzen im Feuer. Es gibt edle und unedle. Zu den edlen gehören: Gold, Silber, Platina. Die unedlen heißen: Eisen, Kupfer, Zinn, Blei, Zink, Quecksilber, Spießglas, Kobalt, und Arsenik, welches ein fürchterliches Gift ist.

d. Salz wird gewonnen, theils aus Salzquellen, aus Berg= werken, wo es gegraben wird, und aus dem Meerwasser, wo das Wasser in Gruben durch die Sonne verdünstet, und das Salz zurück bleibt.

II. Kurze Erzählungen, Fabeln und Gedichte.

1. Gott ist's, der Alles gemacht hat.

Kleine Biene, wer sagt es dir,
Daß die Blumen blühen hier?
Wer hat denn dir den Tisch gedeckt,
Daß es dir so lieblich schmeckt?
Weißt du, wer so an dich gedacht?
Gott ist's, der Alles hat gemacht.

(Wilh. Hey.)

---

2. Gott hat Alles weislich eingerichtet.

Die Kürbis und die Eichel.

Ein Bauersmann lag eines Tages in dem Schatten einer Eiche. Er betrachtete eine Kürbisstaude an dem nahen Gartenzaune. Da schüttelte er den Kopf und sagte: „Hm! hm! das gefällt mir nicht!

Die kleine Staude dort trägt so große, prächtige Früchte, und der mächtig große Eichbaum da bringt nur so kleine Eichelchen hervor. Wenn ich die Welt erschaffen hätte, so müßte mir der Eichbaum lauter ganz große Kürbisse tragen. Das würde dann gut aussehen."

Kaum hatte er dieses gesagt, so fiel ihm eine Eichel vom Baume so stark auf die Nase, daß sie blutete. „O weh!" schrie jetzt der erschrockene Mann, „da habe ich für meine Naseweisheit einen derben Nasenstüber bekommen. Wenn diese Eichel ein Kürbiß gewesen wäre, so hätte er mir meine Nase ganz zerquetscht."

Mit Weisheit und mit Wohlbedacht
Hat Gott die ganze Welt gemacht.

(Nach Chr. Schmid.)

3. Dank und Bitte zu Gott.

Am Morgen

Wie fröhlich bin ich aufgewacht,
Wie hab ich geschlafen sanft die Nacht!
Hab Dank, im Himmel du Vater mein,
Daß du hast wollen bei mir sein!
Nun sieh auf mich auch diesen Tag,
Daß mir kein Leid geschehen mag!

(W. Hey.)

4. Denkspruch.

Allenthalben, hier und da, ist der liebe Gott dir nah.
Er ist wo die Sonne glüht, wo ein sanftes Blümchen blüht;
Wo der Vogel fröhlich schlägt, und der kleinste Wurm sich regt.
Freue dich: denn dort und hier, ist der liebe Gott bei dir.

5. Folge der Lüge.

Wenn du Jemanden eine Unwahrheit sagst, so kann dir's zwar
vergeben werden; aber das Andenken daran bleibt in seinem Gedächt=
nisse. Wenn du Jemanden eine Wunde schlägst, so kann sie zwar
geheilt werden; aber die Narbe bleibt in der Haut, und die Schmerzen
in der Seele des Geschlagenen.

(Saadi.)

6. Begrüßung des Abends.

Sink, stiller Abend, nieder auf uns're stille Flur!
Dir tönen uns're Lieder: wie schön bist du Natur!
Schon steigt die Abendröthe herab in's kühle Thal;
Schon glänzt des Hirten Flöte vom letzten Sonnenstrahl.
Und überall herrscht Schweigen; nur schwingt der Vögel Chor
Noch aus den dunkeln Zweigen den Nachtgesang empor.
Komm, stiller Abend, nieder auf uns're kleine Flur!
Dir tönen uns're Lieder: wie schön bist du, Natur!

7. Denkspruch.

Es ist dir Nichts so sehr, als Eigensinn, verhaßt:
Durch ihn wird man der Welt, so wie sich selbst, zur Last.

8. Fange Alles mit Gebet an!

Der große Fisch.

Ein Fischer fuhr des Morgens in seinem Schifflein auf dem See
und fischte den ganzen Tag fleißig. Allein er fing doch nicht ein
einziges Fischlein.

Traurig und betrübt fuhr er Abends wieder dem Lande zu. Er
dachte: Ich habe heute vor der Arbeit nicht Gott um seinen Segen
gebetet; ich habe daher auch nichts gefangen. Ich will künftig gewiß
immer vorher beten. Da fuhr auf einmal ein großer Fisch aus dem
Wasser empor, fiel in das Schifflein und zappelte zu den Füßen des
erfreuten Fischers. Jetzt, sagte der Mann, sehe ich klar: An Gottes
Segen ist Alles gelegen.

9. Der Kuckuck und die Lerche.

Den Kuckuck fragt die Lerche:　　　„Sie sollen uns beweisen,"
　„Wie kömmt es, sage mir,　　　　Erwidert er und lacht,
Daß die gereis'ten Störche　　　　„Daß nicht das viele Reisen
　Nicht schlauer sind wie wir?"　　Die Dummen klüger macht."

(Hagedorn.)

10. Folge der Zucht der Eltern und Lehrer!

Der Gärtner. (Gleichniß.)

Ein Gärtner pflanzte an der Gartenwand ein Bäumchen von besonders guter Art. So wie es jährlich größer wurde, trieb es stärkere Sprößlinge. Der Gärtner aber schnitt mit jedem Frühjahre und jedem Sommer viele derselben ab. Es war wildes Holz, wie er sagte, welches den guten Zweigen schade, ihnen die Säfte nehme und sie ganz mit Schatten überziehe. Die Kinder des Gärtners wunderten sich und konnten das Benehmen des Vaters nicht begreifen. Allein nach einigen Jahren gab das Bäumchen seine ersten Früchte, die den Kindern köstlich schmeckten. Der Gärtner aber fuhr immer fort zu beschneiden.

Das Bäumchen ist das Kind. Der Gärtner ist der Vater und der Lehrer. Dem Kinde sind von Gott gute Gaben ertheilt und herrliche Triebe. Diese arten aber leicht aus und verderben das Gute an Leib und Seele; daher müssen Vater und Lehrer am Kinde stets zurecht weisen. Dann wächst zuletzt ein liebenswürdiger Jüngling und nützlicher Mann, eine gute Tochter heran.

(Ez. Brückner.)

11. Gute Anwendung der Zeit.

Nichts vergeht geschwinder, als die Zeit; und demnach ist für den Menschen Nichts wichtiger, als sie. Jeder Augenblick, der nicht wohl angewandt wird, kann für verloren geachtet werden. Nur von der guten Anwendung unserer Lebenszeit, nicht aber von der Menge uns'rer

Tage und Jahre, hängt unser Glück ab. Nur thätig, nützlich sein; Gutes denken und Gutes thun, heißt wahrhaft leben. Viel Gutes wirken, so viel als nur möglich, heißt lange leben. Mit jedem Augenblicke kommen wir dem Grabe näher; und nur dann läßt sich's gut sterben, wenn man gut gelebt hat.

12. Denksprüche.

1. Mit Gott fang an, mit Gott hör' auf,
   Das ist der schönste Lebenslauf.

2. Gott weiß dich überall zu finden,
   D'rum hüte dich vor allen Sünden.

3. Wer die Aeltern stets in Ehren hält,
   Dem geht's gut, auch schon auf dieser Welt.

4. Bin ich gleich noch jung und klein,
   Fleißig kann ich doch schon sein.

Dritte Abtheilung.

Erzählungen aus der biblischen Geschichte.

A. Aus dem alten Testamente.

1. Erschaffung der Welt.

Am Anfang schuf Gott Himmel und Erde. Die Erde war aber noch wüste und leer. Alles war noch finster. Da sprach Gott: Es werde Licht, und es ward Licht. Es entstand der erste Tag und die erste Nacht. Am zweiten Tage machte Gott das blaue Gewölbe des Himmels (das Firmament). Am dritten Tage trennte er das Wasser von der Erde und dem festen Lande, und ließ Bäume, Kräuter und Pflanzen aus der Erde empor wachsen. Am vierten Tage ließ er die strahlende Sonne und den freundlichen Mond entstehen. Am fünften Tage schuf er die Fische im Wasser und die Vögel in der Luft. Am sechsten Tage alle übrigen Thiere des Landes, und zuletzt den Menschen nach seinem Bilde.

2. Die zwei ersten Menschen.

Den ersten Menschen A d a m, oder Erdmann, schuf Gott aus feuchter Erde. Gott hauchte ihm eine lebendige Seele ein, und Adam sprang auf und lebte. Gott machte einen wunderschönen Garten, und führte den Adam hinein, daß er ihn bewahre. Gott sprach aber: Es ist nicht gut, daß der Mensch allein sei; ich will ihm eine Gehülfin machen. Gott ließ einen tiefen Schlaf über Adam kommen, und schuf alsdann aus einer Rippe, die er von Adam nahm, die E v a. Am siebenten Tage ruhete der Herr von allen seinen Werken aus, und bestimmte ihn zu einem Ruhetage. Gott heiligte und segnete diesen Tag.

3. Die erste Sünde und Strafe derselben.

Adam und Eva lebten in dem schönen Garten (Paradies) in Un= schuld und Freude, und waren Gott angenehm. In dem Paradiese standen die schönsten Bäume mit den köstlichsten Früchten. Von allen Früchten des Gartens durften Adam und Eva essen, nur von der Frucht e i n e s Baumes nicht der in der Mitte stand. Gott sprach: sobald ihr davon esset, müßet ihr s t e r b e n. Eines Tages ging Eva ganz nahe zu dem verbotenen Baume hin. Da sah sie eine Schlange am Baume. Die Schlange sprach: Warum esset ihr nicht von der Frucht dieses Baumes? Wenn ihr davon esset, werdet ihr Gott gleich sein, und wissen was gut und bös ist.

Eva schaute den Baum an, streckte die Hand aus, nahm eine Frucht ab, aß davon und gab auch dem Adam davon. Adam aß auch, und so war die erste Sünde vollbracht. Gott jagte sie aus dem Paradiese.

4 Kain und Abel.

Adam und Eva bekamen zwei Söhne, welche Kain und Abel hießen. Kain wurde ein Ackersmann; Abel wurde ein Schäfer. Der liebe Gott segnete Kains Feldarbeit und Abels Schafzucht. Beide brachten daher Gott aus Dankbarkeit ein Opfer. Abel hatte ein gutes Herz, und opferte auch aus herzlicher Dankbarkeit. Kains Andacht war blos Heuchelei; darum sah auch Gott auf Abels Opfer mit größerem Wohlgefallen als auf Kains Opfer. Darüber wurde Kain sehr zornig, und haßte seinen guten Bruder. Eines Tages verlockte er seinen Bruder Abel auf das Feld, und schlug ihn todt. Gott sprach hierauf zu Kain: Deines Bruders Blut schreit um Rache zu mir herauf. Du sollst flüchtig auf der Erde sein. Kain entfloh, und führte ein unstätes Leben, das schrecklicher war wie der Tod.

5. Verderbniß der Menschen.

Die Menschen vermehrten sich sehr bald; aber sie wurden auch immer böser, und vergaßen zuletzt den lieben Gott ganz. Unter diesen bösen Menschen lebte eine einzig gute und fromme Familie: Noe und seine Kinder. Gott beschloß, alle Menschen auf der ganzen Erde, Noe und seine Kinder ausgenommen, zu vertilgen. Ein hundert und zwanzig Jahre gab er ihnen Zeit zur Besserung; allein sie hörten die Stimme Gottes umsonst; daher folgte die gerechte Strafe. Es regnete schrecklich, und Alles, was auf Erden war, wurde vertilgt. Nur Noe und was mit ihm in dem Schiffskasten war, blieb übrig.

6. Abraham.

Nach der Sündfluth vermehrten sich die Menschen bald wieder. Die meisten Menschen wurden aber wieder böse und trieben zuletzt gar Abgötterei. Damals lebte auch ein frommer Mann; dieser hieß Abraham. Der liebe Gott erwählte ihn zum Stammvater des jüdischen Volkes. Sein einziger Sohn hieß Isaak.

7. Iſaak.

Der liebe Gott ſtellte Abraham auf eine ſehr ſchwere Probe. Er ſprach einmal zu dem Vater: Abraham, nimm deinen einzigen geliebten Sohn Iſaak und opfere ihn mir auf Morija. Abraham gehorchte. Er ging mit ſeinem Iſaak hinauf den Berg, um den Befehl Gottes zu vollziehen. Iſaak mußte ſelbſt das Holz zum Altare tragen. Auf dem Berge angekommen, richtete Abraham den Altar zurecht, band ſeinen Sohn Iſaak, legte ihn auf das Holz, und zog ſeinen Arm aus, um ihn zu ſchlachten. Allein in dem Augenblicke rief der Engel des Herrn: Abraham, lege deine Hand nicht an den Knaben, und thue ihm nichts! Darauf gab ihm Gott die Verheißung: Durch deinen Samen ſollen alle Völker auf Erden geſegnet werden.

8. Moſes.

Die Kinder Iſraels wurden nach und nach ein großes Volk. Sie lebten in Aegypten, nach dem guten Könige Joſephs, nicht mehr ſo glücklich als zuvor. Sie mußten ſchwere und harte Arbeiten thun. Ja, ein König gab ſogar den Befehl, daß alle neugeborenen Knäblein der Iſraeliten ins Waſſer geworfen werden ſollten. Der kleine M o ſ e s, erſt 3 Monate alt, wurde von ſeiner Mutter in ein Körblein von Rohr gelegt, und in das Schilf des Waſſers geſtellt. Die Königs= tochter fand dieſes Knäblein und hatte großes Mitleiden mit dem Kinde. Sie ließ den Knaben groß ziehen und nannte ihn Moſes, d. h. Waſſer= mann. Als Moſes ein Mann war, wurde er von Gott beſtimmt die Iſraeliten aus Aegypten zu führen. Moſes und ſein Bruder Aaron führten alſo die Iſraeliten aus Aegypten, durch die Wüſte in das Land Kanaan.

9. Die Richter.

Auch hier fielen wieder viele Iſraeliten vom wahren Gotte ab. Da gab ſie Gott in die Hände ihrer Feinde. Er erweckte aber von Zeit zu Zeit tapfere Männer, die ſie im Kriege gegen die Feinde anführten. Man nannte ſie Richter. Solche waren: Gedeon, Heli und Samuel.

10. Die Könige.

Nach dem Tode Samuels verlangten bald die Israeliten einen eigenen König. Der erste König war Saul. Nach diesem folgte David, und nach diesem Salomon. Der letzte König war ein Ausländer, er hieß Herodes.

B. Aus dem neuen Testamente.

1. Geburt Jesu.

Liebe Kinder! Jesus Christus, der Sohn Gottes, die zweite Person in der Gottheit, wurde von einer frommen und reinen Jungfrau, Namens Maria, welche zu Nazareth lebte, zu Bethlehem in einem Stalle geboren. Zu dieser überaus frommen Jungfrau kam ein Engel und sprach: Du hast Gnade bei Gott gefunden; du wirst einen Sohn bekommen; den sollst du Jesus heißen. Der wird ein Sohn des Höchsten genannt werden. Maria sprach: Ich bin eine Magd des Herrn. Mir geschehe, wie du gesagt hast. Der Nähr- und Pflegevater des lieben Jesus war Joseph, ein gerechter Mann. Zum Andenken an die Geburt des Herrn feiern wir das Weihnachtsfest.

2. Jesus im Tempel.

Joseph und Maria reisten jährlich nach Jerusalem auf das Osterfest. Als Jesus zwölf Jahre alt war, nahmen sie ihn auch mit. Er ging gerne mit, und war im Tempel voller Andacht und Aufmerksamkeit. Er setzte sich mitten unter die Lehrer und hörte ihnen zu. Nachdem die Festtage vorbei waren, kehrte er mit den Aeltern wieder nach Nazareth zurück, war seiner Mutter Maria und seinem Nährvater Joseph unterthan, und nahm zu an Alter und Weisheit und Gnade bei Gott und den Menschen.

3. Jesus wird von Johannes getauft.

Bevor Jesus Christus öffentlich auftrat, sandte Gott noch einen anderen heiligen Mann. Er hieß Johannes, der Täufer. Dieser predigte: Thut Buße, das Himmelreich ist nahe. Viele kamen zu ihm, bekannten ihre Sünden und ließen sich am Jordan von ihm taufen. Als Jesus dreißig Jahre alt war, ging er auch an den Jordan und ließ sich von Johannes taufen. Nachdem Jesus getauft war, betete er. Da that sich der Himmel auf; der heilige Geist kam in Gestalt einer weißen Taube über ihn herab, und eine Stimme vom Himmel erscholl: Dies ist mein geliebter Sohn, an welchem ich mein Wohlgefallen habe. Darauf ging Jesus in die Wüste, betete und fastete vierzig Tage und Nächte, um sich zu seinem hohen Berufe vorzubereiten.

4. Jesus als Lehrer und Erlöser.

Nachdem Jesus von der Wüste, wo ihn der Teufel versucht hatte, zurückgekehrt war, trat er öffentlich als Lehrer auf. Er reiste im ganzen Lande umher, ermahnte zur Buße und verkündete das Evangelium. Er lehrte, daß er in die Welt gekommen sei, um die Menschen zu erlösen und selig zu machen. Damit die Menschen seiner göttlichen Sendung glauben konnten, wirkte er große Wunder, d. h. er verrichtete solche Thaten, zu welchem menschliche Kraft nicht ausreicht. Er verwandelte bei der Hochzeit zu Cana Wasser in Wein. Er speiste mit wenigen Broden und Fischen 5000 Mann. Er heilte Gichtbrüchige, machte Taube hörend, Stumme redend, Lahme gehend, Blinde sehend, Aussätzige rein; ja sogar Todte machte er lebendig, z. B. die zwölfjährige Tochter des Jairus, den Jüngling zu Nain und den Lazarus. Er sammelte 12 Apostel und unterrichtete sie drei Jahre lang. Durch einen Kuß von Judas wurde der unschuldige Jesus gefangen genommen, und zum Richterhause geschleppt. Er wurde von einer wilden Bande Henkersknechte gegeißelt und gekrönet. Zuletzt zum Kreuztode verurtheilt. Sein schweres, aus Balken gezimmertes Kreuz mußte er selbst auf den Schädelberg tragen. Als man mit ihm da angekommen war, nagelten ihn die römischen Kriegsknechte mit Händen und Füßen an das Kreuz und erhoben dasselbe. Drei volle Stunden hing so Jesus in unnennbaren Schmerzen hoch am Kreuze, bis er sein Haupt neigte und verschied. Zwei fromme Männer, Joseph und Nicodemus, nahmen den Leichnam vom Kreuze und begruben ihn. Am dritten Tage stand aber Jesus aus eigener Kraft aus dem Grabe auf, und fuhr vierzig Tage nachher im Beisein seiner Jünger sichtbar in den Himmel auf, von wo er am zehnten Tage nachher den hl. Geist über seine Apostel herab sandte, und wo er Besitz nahm von jener Herrlichkeit, die er hatte ehe er auf die Welt kam. So hatte Jesus das große Werk, das ihm sein Vater übertrug, vollendet, und ist hinauf gegangen, um seinen Erlösten eine Wohnung zu bereiten. Möchten wir Alle seine Lehren treu befolgen, damit wir mit den Heiligen im Himmel ihn einstens in seiner Herrlichkeit ewig loben und preisen können.

Vierte Abtheilung.

Gebete.

1. Morgengebet.

Mein Gott, vorüber ist die Nacht; gesund bin ich vom Schlaf erwacht. Behüte du mich auch diesen Tag, daß ich nichts Böses üben mag.

O Gott, nach einer sanften Nacht bin ich gesund vom Schlaf erwacht, und meine Lieben um mich her: wie dank ich dir, Allgütiger!

Sei du mit mir auch diesen Tag, daß mich kein Unfall treffen mag; helf du mir fromm und folgsam sein, daß meiner sich die Aeltern freu'n.

2. Tischgebete.

a.) Vor dem Essen.

Gott, dessen Güte immer währet, du giebst uns liebreich, was uns
nähret. Laß deine Gaben uns gedeihen! Laß dankbar uns und
mäßig sein!

b.) Nach dem Essen.

Unser Vater, der uns liebt, der uns, was gut ist, gibt, gab auch heut'
uns Speiß' und Trank. Lobt den Vater; sagt ihm Dank!

3. Abendgebet.

Guter Vater im Himmel du, meine Aeuglein fallen zu; will mich
in mein Bettlein legen, gib du mir nun deinen Segen! Lieber Gott,
das bitt ich dich: Bleib bei mir! hab Acht auf mich.

4. Das Vater Unser.

Vater unser, der du bist im Himmel; geheiliget werde dein
Name; zukomme uns dein Reich; dein Wille geschehe, wie im Himmel
also auch auf Erden. Gib uns heute unser tägliches Brod; vergib uns
unsere Schulden, wie auch wir vergeben unsern Schuldigern, und führe
uns nicht in Versuchung, sondern erlöse uns von dem Uebel. Amen.

5. Das Ave Maria.

Gegrüßet seist du Maria, voll der Gnade, der Herr ist mit dir, du
bist gebenedeiet unter den Weibern, und gebenedeiet ist die Frucht deines
Leibes: Jesus. Heilige Maria, Mutter Gottes, bitte für uns arme
Sünder, jetzt und in der Stunde unseres Absterbens. Amen.

6. Das apostolische Glaubens-Bekenntniß.

Ich glaube an Gott den Vater, den allmächtigen Schöpfer Himmels
und der Erde, und an Jesum Christum, seinen eingeborenen Sohn,
unseren Herrn, der empfangen ist vom heiligen Geiste, geboren aus
Maria der Jungfrau. Gelitten unter Pontius Pilatus, gekreuzigt,

gestorben und begraben; abgestiegen zu der Hölle, am dritten Tage wieder auferstanden von den Todten; aufgefahren in den Himmel, sitzet zur Rechten Gottes, des allmächtigen Vaters, von dannen er kommen wird zu richten die Lebendigen und die Todten. Ich glaube an den heiligen Geist, eine heilige, allgemeine, christliche Kirche, Gemeinschaft der Heiligen, Ablaß der Sünden, Auferstehung des Fleisches und ein ewiges Leben. Amen.

7. Die zehn Gebote Gottes.

1. Ich bin der Herr dein Gott. Du sollst keine fremde Götter neben mir haben; du sollst kein geschnitztes Bild machen, dasselbe anzubeten.

2. Du sollst den Namen Gottes, deines Herrn, nicht eitel nennen, —(nicht vergeblich aussprechen.)

3. Gedenke, daß du den Sabbath heiligest.

4. Du sollst Vater und Mutter ehren, auf daß es dir wohl gehe, und du lange lebest auf Erden.

5. Du sollst nicht tödten.

6. Du sollst nicht ehebrechen.

7. Du sollst nicht stehlen.

8. Du sollst kein falsches Zeugniß geben wider deinen Nächsten.

9. Du sollst nicht begehren deines Nächsten Haus.

10. Du sollst nicht begehren deines Nächsten Gut.

8. Die fünf Gebote der Kirche.

1. Du sollst die von der Kirche gebotenen Feiertage halten.

2. Du sollst an Sonn- und Feiertagen die heilige Messe mit Andacht hören.

3. Du sollst die gebotenen Fasttage, wie auch den Unterschied der Speisen halten.

4. Du sollst jährlich wenigstens einmal beichten und zur österlichen Zeit das hl. Sakrament des Altars empfangen.

5. Du sollst an verbotenen Zeiten keine feierliche Hochzeit halten.

9. Sechs Glaubenswahrheiten, die jeder Mensch wissen muß, damit er selig werde.

1. Daß nur Ein Gott sei.

2. Daß in Gott drei Personen sind: Der Vater, der Sohn und der heilige Geist.

3. Daß die zweite göttliche Person Mensch geworden ist, und uns am hl. Kreuze erlöset hat.

4. Daß Gott das Gute belohnt und das Böse bestraft.

5. Daß die Seele des Menschen unsterblich ist.

6. Daß der Mensch ohne die Gnade Gottes nichts Verdienstliches für den Himmel thun kann.

1. Die sieben hl. Sakramente.

1. Die Taufe; 2. Die Firmung; 3. Das allerheiligste Sakrament des Altars; 4. Die Buße; 5. Die letzte Oelung; 6. Die Priesterweihe; 7. Die Ehe.

11 Der englische Gruß.

1. Der Engel brachte Maria die Botschaft, und sie empfing vom hl. Geiste. Gegrüßet seist du Maria.

2. Maria sprach: „Siehe, ich bin eine Magd des Herrn, mir geschehe nach deinem Worte." Gegrüßet 2c.

3. Und das Wort ist Fleisch geworden, und hat unter uns gewohnt. Gegrüßet 2c.

Am Abend setzt man noch ein Vater Unser bei zum Troste der armen Seele.

12. Die vier letzten Dinge des Menschen.

1. Tod; 2. Gericht; 3. Himmel; 4. Hölle.

Englisches Alphabet.

a   b   c   d   e   f   g   h   i   j

a   b   c   d   e   f   g   h   i   j

k   l   m   n   o   p   q   r   s   t

k   l   m   n   o   p   q   r   s   t

u   v   w   x   y   z.

u   v   w   ß   y   z.

A   B   C   D   E   F   G   H

A   B   C   D   E   F   G   H

I   J   K   L   M   N   O

J   J   K   L   M   N   O

P   Q   R   S   T   U   V

P   Q   R   T   T   U   U

W   X   Y   Z.

W   X   Y   Z.

one, two, three, four, five, six, seven,
eight, nine, ten!

Kenntniß der Zahlen.

```
 1 |
 2 |  |
 3 |  |  |
 4 |  |  |  |
 5 |  |  |  |  |
 6 |  |  |  |  |  |
 7 |  |  |  |  |  |  |
 8 |  |  |  |  |  |  |  |
 9 |  |  |  |  |  |  |  |  |
10 |  |  |  |  |  |  |  |  |  |
```

10 | —11.	10 ||||| —16.
10 || —12.	10 |||||| —17.
10 ||| —13.	10 ||||||| —18.
10 |||| —14.	10 |||||||| —19.
10 ||||| —15.	10 ||||||||| —20.

20	unb	1	ift	21.	30	unb	30	ift	60.
20	"	9	"	29.	40	"	40	"	80.
20	"	10	"	30.	60	"	40	"	100.

(hundert.)

Lesen der gewöhnlichen Zahlen.

Figur: 0   1   2   3   4   5   6   7   8   9

Namen: Null, eins, zwei, drei, vier, fünf, sechs, sieben, acht, neun.

Es stehen auf dem

vierten die	dritten die	zweiten die	ersten Platze die
Tausende	**Hunderte**	**Zehner**	**Einer.**
6	5	8	1

Römische Zahlen.

I	II	III	IV	V	VI	VII	VIII	IX
1	2	3	4	5	6	7	8	9

X	XI	XII	XX	XXIX	XXXIV
10	11	12	20	29	34

L	XL	LX	C	XC	CX	D	M.
50	40	60	100	90	110	500	1000

(tausend.)

Lesezeichen.

(,) Komma.   (.) Schlußpunkt.   (;) Strichpunkt.   (:) Doppelpunkt.
(!) Ausrufungszeichen.   (?) Fragezeichen.   (=) Theilungszeichen.
     (—) Gedankenstrich.   ( ) Einschließungszeichen.

Das Ein mal Eins.

1 mal 1 ift 1	3 mal 1 ift 3	4 mal 1 ift 4
2 " 2 " 4	3 " 2 " 6	4 " 2 " 8
2 " 3 " 6	3 " 3 " 9	4 " 3 " 12
2 " 4 " 8	3 " 4 " 12	4 " 4 " 16
2 " 5 " 10	3 " 5 " 15	4 " 5 " 20
2 " 6 " 12	3 " 6 " 18	4 " 6 " 24
2 " 7 " 14	3 " 7 " 21	4 " 7 " 28
2 " 8 " 16	3 " 8 " 24	4 " 8 " 32
2 " 9 " 18	3 " 9 " 27	4 " 9 " 36
2 " 10 " 20	3 " 10 " 30	4 " 10 " 40

5 mal 1 ift 5	6 mal 1 ift 6	7 mal 1 ift 7
5 " 2 " 10	6 " 2 " 12	7 " 2 " 14
5 " 3 " 15	6 " 3 " 18	7 " 3 " 21
5 " 4 " 20	6 " 4 " 24	7 " 4 " 28
5 " 5 " 25	6 " 5 " 30	7 " 5 " 35
5 " 6 " 30	6 " 6 " 36	7 " 6 " 42
5 " 7 " 35	6 " 7 " 42	7 " 7 " 49
5 " 8 " 40	6 " 8 " 48	7 " 8 " 56
5 " 9 " 45	6 " 9 " 54	7 " 9 " 63
5 " 10 " 50	6 " 10 " 60	7 " 10 " 70

8 mal 1 ift 8	9 mal 1 ift 9	10 mal 1 ift 10
8 " 2 " 16	9 " 2 " 18	10 " 2 " 20
8 " 3 " 24	9 " 3 " 27	10 " 3 " 30
8 " 4 " 32	9 " 4 " 36	10 " 4 " 40
8 " 5 " 40	9 " 5 " 45	10 " 5 " 50
8 " 6 " 48	9 " 6 " 54	10 " 6 " 60
8 " 7 " 56	9 " 7 " 63	10 " 7 " 70
8 " 8 " 64	9 " 8 " 72	10 " 8 " 80
8 " 9 " 72	9 " 9 " 81	10 " 9 " 90
8 " 10 " 80	9 " 10 " 90	10 " 10 " 100

Anhang.

Kurzer Auszug von der Sprachlehre.

1. Beugung der Geschlechtswörter.

Einzahl.	Die bestimmten Geschlechtswörter.			Die unbestimmten Geschlechtswörter.		
	ml.	wbl.	sächl.			
1. Endung,	der,	die,	das,	ein,	eine,	ein.
2. "	des,	der,	des,	eines,	einer,	eines.
3. "	dem,	der,	dem,	einem,	einer,	einem.
4. "	den,	die,	das,	einen,	eine,	ein.

Mehrzahl, für alle 3 Geschlechter.

1. Endung,	die,	
2. "	der,	Die unbestimmten Geschlechtswörter
3. "	den,	haben keine Mehrzahl.
4. "	die.	

2. Beugung des Hauptwortes.

a. Starke Deklination. (Beugung.)

Die starke Beugung hat in der 2. Endung der Einzahl „es" oder „s."

Einzahl.

1. Endung:	der Tag,	der Mann,
2. "	des Tages, (s)	des Mannes,
3. "	dem Tage,	dem Manne,
4. "	den Tag.	den Mann.

Mehrzahl.

1. Endung:	die Tage,	die Männer,
2. "	der Tage,	der Männer,
3. "	den Tagen,	den Männern,
4. "	die Tage.	die Männer.

b. Schwache Deklination.

Die schwache Beugung nimmt in der 2. Endung der Einzahl „en"
oder „n" an, und behält diesen Anhang in allen Biegungsfällen.

		Einheit.	Mehrheit.
1.	Endung:	der Knabe,	die Knaben,
2.	"	des Knaben,	der Knaben,
3.	"	dem Knaben,	den Knaben,
4.	"	den Knaben,	die Knaben.

c. Deklination der weibl. Hauptwörter.

Diese bleiben in der Einzahl unverändert und gehen in der Mehrzahl
theils nach der starken, theils nach der schwachen Deklination.

Einzahl.

1.	Endung:	die Hand,	die Mutter,	die Frau,
2.	"	der Hand,	der Mutter,	der Frau,
3.	"	der Hand,	der Mutter,	der Frau,
4.	"	die Hand.	die Mutter.	die Frau.

Mehrzahl.

1.	Endung:	die Hände,	die Mütter,	die Frauen,
2.	"	der Hände,	der Mütter,	der Frauen,
3.	"	den Händen,	den Müttern,	der Frauen,
4.	"	die Hände.	die Mütter.	die Frauen.

3. Deklination des Haupt- und Geschlechtsworts mit einem Eigenschaftswort.

Einzahl.

1.	End.:	der gute Mann,	die gute Frau,	das gute Kind,
2.	"	des guten Mannes,	der guten Frau,	des guten Kindes,
3.	"	dem guten Manne,	der guten Frau,	dem guten Kinde,
4.	"	den guten Mann.	die gute Frau.	das gute Kind.

Mehrzahl.

1. End.: die guten Männer, die guten Frauen, die guten Kinder,
2. " der guten Männer, der guten Frauen, der guten Kinder,
3. " den guten Männern, den guten Frauen, den guten Kindern,
4. " die guten Männer. die guten Frauen, die guten Kinder.

4. Deklination des Haupt- und Eigenschaftsworts ohne Geschlechtswort.

Einzahl.

1. Endung: guter Mann, gute Frau, gutes Kind,
2. " guten Mannes, guter Frau, guten Kindes,
3. " gutem Manne, guter Frau, gutem Kinde,
4. " guten Mann. gute Frau. gutes Kind.

Mehrzahl.

1. Endung: gute Männer, gute Frauen, gute Kinder,
2. " guter Männer, guter Frauen, guter Kinder,
3. " guten Männern, guten Frauen, guten Kindern,
4. " gute Männer. gute Frauen. gute Kinder.

5. Deklination der hinweisenden Fürwörter mit Hauptwörtern.

Einzahl.

1. Endung: dieser Baum, diese Frucht, dieses Blatt,
2. " dieses Baumes, dieser Frucht, dieses Blattes,
3. " diesem Baume, dieser Frucht, diesem Blatte,
4. " diesen Baum. diese Frucht. dieses Blatt.

Mehrzahl.

1. Endung: diese Bäume, diese Früchte, diese Blätter,
2. " dieser Bäume, dieser Früchte, dieser Blätter,
3. " diesen Bäumen, diesen Früchten, diesen Blättern,
4. " diese Bäume. diese Früchte. diese Blätter.

6. Deklination der zueignenden oder Besitz anzeigenden Fürwörter mit Hauptwörtern.

Einzahl.

1. Endung:	mein Vater,	meine Tochter,	mein Haus,
2. "	meines Vaters,	meiner Tochter,	meines Hauses,
3. "	meinem Vater,	meiner Tochter,	meinem Hause,
4. "	meinen Vater.	meine Tochter.	mein Haus.

Mehrzahl.

1. Endung:	meine Väter,	meine Töchter,	meine Häuser,
2. "	meiner Väter,	meiner Töchter,	meiner Häuser,
3. "	meinen Vätern,	meinen Töchtern,	meinen Häusern,
4. "	meine Väter.	meine Töchter.	meine Häuser.

Ebenso: dein, sein, unser, euer, ihr.

7. Deklination persönlicher Fürwörter.

Einzahl.

			männl.	weibl.	sächl.
1. Endung:	ihr,	du,	er,	sie,	es,
2. "	meiner,	deiner,	seiner,	ihrer,	seiner,
3. "	mir,	dir,	ihm } sich,	ihr } sich,	ihm } sich.
4. "	mich.	dich.	ihn }	sie }	es }

Mehrzahl.

Werfall:	wir,	ihr,	sie,
Wessenfall:	unser,	euer,	ihrer,
Wemfall:	uns,	euch,	ihnen } sich.
Wenfall:	uns.	euch.	sie }

Die zueignenden Fürwörter sind folgende: mein, dein, sein, unser, euer, ihr.

Die hinweisenden Fürwörter sind: dieser, diese, dieses, jener, jene, jenes; auch der, die, das.

Die bestimmenden Fürwörter sind: derjenige, diejenige, dasjenige; derselbe, dieselbe, dasselbe; solcher, solche, solches; auch der, die, das.

Die beziehenden sind: welcher, welche, welches; der, die, das; wer, was.

Die fragenden: wer? was? was für ein? welcher? welche? welches?